Adalbert Ludwig Balling

Freude

Eine Liebeserklärung an das Leben

Bilder, Vergleiche, Aphorismen

5. Auflage
1984

MISSIONSVERLAG MARIANNHILL
WÜRZBURG
D-8861 REIMLINGEN

Meinen Nichten und Neffen, denen ich viel Freude im Leben wünsche: Roland, Karlheinz, Ludwig, Bernhard, Claudia; Brigitte, Evi, Peter; Barbara, Helene, Franz und Christine.

ISBN 3-922267-08-4

Missionsverlag Mariannhill Würzburg, D-8861 Reimlingen. Druck: Missionsdruckerei Mariannhill, Hauptstraße 1, D-8861 Reimlingen. Copyright: 1979 by Adalbert Ludwig Balling, Brandenburger Str. 8, D-5000 Köln 1. Alle Rechte vorbehalten. Umschlag: Antonio Thurnher/Wernberg.

FÜR ALLE
DIE FREUDE
LERNEN
WOLLEN
FÜR ALLE
DIE FREUDE
FÜR ETWAS
MENSCHEN-
MÖGLICHES
HALTEN
FÜR ALLE
DIE ES FREUT
ANDEREN
FREUDE
ZU MACHEN

Was ist Freude?

*Stellen Sie diese Frage fünf Millionen Menschen.
Sie werden fünf Millionen Antworten erhalten.
Fragen Sie fünf Millionen Kinder. Sie werden
fünfmillionenmal einem glücklichen Gesicht-
chen, strahlenden Augen, klatschenden Händen
begegnen: Freude in Aktion!*

*Freude ist vielfältig. Freude ist das jedem
Menschen zugeteilte, das von jedem Menschen
erworbene Glück. Freude ist Ausdruck innerer
Zufriedenheit. Freude ist Hoffnung. Freude ist
überschäumender Dank.
Freude ist . . .
Bitte, fahren Sie fort, Freude zu buchstabieren.
Fügen Sie eigene Vergleiche und Bilder an.
Dieses Bändchen bringt nur einige Versuche.
Stümperhafte. Lernen sie selbst, Ihre Freude zu
definieren. Lernen Sie, Freude zu leben.
Lassen Sie sich anregen von den hier gesammel-
ten Denkanstößen. Und vergessen Sie nicht:*

*Freude ist wie ein reifer Löwenzahn, den ein
pausbäckiges kleines Mädchen in die Luft
pustet.
Freude ist kostbar wie Gold, aber Gold ist nicht
so kostbar wie Freude.
Freude ist Arbeit an sich selbst.
Freude ist wie eine Liebeserklärung
an das Leben . . .*
A. L. B.

FREUDE
ist wie ein bunter Luftballon
Freude
ist wie ein hüpfendes Lämmchen
Freude
ist wie stürmischer Beifall
Freude
ist wie eine spontane Umarmung
Freude
ist wie ein rauschender Mühlbach
Freude
ist wie ein schäumender Wasserfall

FREUDE
ist wie ein galoppierendes Steppenpferd
Freude
ist wie eine Möwe im Gleitflug
Freude
ist wie ein plantschendes Entlein
Freude
ist wie ein Kind vor dem Christbaum

FREUDE
ist wie ein Lobpreis auf den Schöpfer
Freude
ist wie ein erfolgreicher Bergsteiger
Freude
ist wie ein gütiges Schmunzeln
Freude
ist wie ein kokettes Zwinkern

FREUDE
ist wie ein geglückter Fallschirmab-
sprung
Freude
ist wie ein gewonnenes Pferderennen
Freude
ist wie ein Kinderkarussell
Freude
ist wie ein frischer Schneeball
Freude
ist wie ein prunkvolles Klavierkonzert
Freude
ist wie ein langerwarteter Brief

FREUDE
ist wie – im meterhohen Gras die Beine
von sich strecken
Freude
ist wie Vogelgezwitscher
Freude
ist wie Kinderlachen
Freude
ist wie ein Hahnenschrei
Freude
ist wie Gänsegeschnatter
Freude
ist wie Ziegengemecker

FREUDE
ist wie ein wahr-werdender Wunsch-
traum
Freude
ist wie eine sternklare Nacht
Freude
ist wie ein gut bestandenes Examen
Freude
ist wie ein erfolgreicher Erfinder
Freude
ist wie das Schälen einer Apfelsine
Freude
ist wie ein mutwilliges Zicklein
Freude
ist wie ein fliegender Maikäfer

FREUDE
ist wie das Erwachen bei aufgehender
Sonne
Freude
ist wie ein Geburtstagsgruß
Freude
ist wie ein melodisches Harfenspiel
Freude
ist wie ein Echo aus dem Walde
Freude
ist wie ein zufriedener Greis
Freude
ist eine von ihren Enkeln umstürmte
Oma
Freude
ist wie eine reife Ähre im Abendwind

FREUDE
ist wie – Schäfchenwolken zählen
Freude
ist wie – den Sternen winken
Freude
ist wie – Trompeten blasen
Freude
ist wie ein Posaunenstoß
Freude
ist wie der Duft von Wachskerzen

FREUDE
ist wie die Heimkehr aus der Fremde
Freude
ist wie die Ankunft eines Schiffes
Freude
ist wie das Starten eines Jumbo-Jets
Freude
ist wie Glockenläuten
Freude
ist wie Schlittschuhlaufen
Freude
ist wie ein Spaziergang im Wald
Freude
ist wie eine Radtour im Sommer

FREUDE
ist wie ein langersehnter Regenschauer
Freude
ist wie azurblauer Himmel
Freude
ist wie ein federweiches Himmelbett
Freude
ist wie ein Hündchen, das seinem
Herrn entgegenwedelt
Freude
ist wie ein goldgelbes Rapsfeld
Freude
ist wie eine prächtig gewachsene Son-
nenblume
Freude
ist wie eine Barockkirche
Freude
ist wie ein gotischer Dom
Freude
ist wie eine elegant geschwungene
Betonbrücke

FREUDE
ist wie eine entkorkte Sektflasche
Freude
ist wie Springen auf einem Trampolin
Freude
ist wie ein Waldhorn-Solo
Freude
ist wie Federballspielen

FREUDE
ist wie ein Segelboot im Gegenwind
Freude
ist wie eine glitzernde Seifenblase
Freude
ist wie ein wohlgenährter kleiner Hamster
Freude
ist wie ein flinkes Eichkätzchen
Freude
ist wie ein bunter Kinderchor

FREUDE
ist wie – über eine Sprungschanze springen
Freude
ist wie – in einen saftigen Apfel beißen
Freude
ist wie – die ersten Kirschen pflücken
Freude
ist wie – einen Drachen steigen lassen
Freude
ist wie – sich winters hinter dem Ofen wärmen
Freude
ist wie – Eisblumen an der Fensterscheibe anhauchen

FREUDE
ist wie das Staunen der Hirten auf Bethlehems Fluren
Freude
ist wie die Herrgottssuche der Drei Weisen aus dem Morgenland

FREUDE
ist wie Barfußlaufen über morgenfrische Sommerwiesen
Freude
ist wie ein Sonnenstrahl im Hinterhof
Freude
ist wie ein Spielzeugkreisel
Freude
ist wie ein Wasserspiel in Tivoli
Freude
ist wie ein langanhaltendes Trommelfeuer
Freude
ist wie ein Tanzmariechen beim Karnevalszug
Freude
ist wie Kasperle im Puppenspiel

FREUDE
ist wie das Flackern einer schlanken Kerze
Freude
ist wie ein Flammenmeer
Freude
ist wie ein frisch geschlüpftes Küken
Freude
ist wie Schneegestöber
Freude
ist wie Regen in lauwarmer Maienluft
Freude
ist wie Kirmes auf dem Dorfplatz

FREUDE
ist wie ein unerwarteter Besuch von
Freunden
Freude
ist wie der Glanz von Kinderaugen
Freude
ist wie ein Schneeglöckchen im Februar
Freude
ist wie der erste Kuckucksruf im Walde

FREUDE
ist wie ein Brunnen in der Wüste
Freude
ist wie ein Wetterleuchten in der
Sommerschwüle
Freude
ist wie ein Pfeife rauchender Opa
auf der Gartenbank

FREUDE
ist wie Sternengeflüster in dumpf-
schweigender Nacht
Freude
ist wie ein Götterschmunzeln auf
menschlichem Gesicht

FREUDE
ist wie ein erstgeborenes Kind in der
Familie
Freude
ist wie ein Lebkuchen am Nikolaus-
abend
Freude
ist wie ein Hochzeitstanz
Freude
ist wie ein Paukenschlag
Freude
ist wie ein Baby an Mutters Brust
Freude
ist wie ein verklärtes Antlitz im
Angesicht des Todes

FREUDE
ist wie eine Bootsfahrt auf einem
reißenden Fluß
Freude
ist wie eine Glaskugel am Christbaum
Freude
ist wie ein niedliches Marienkäferchen
Freude
ist wie das Ausbrechen eines Vulkans
Freude
ist wie blühender Flieder in Nachbars
Garten
Freude
ist wie Schwimmen in einem glasklaren
Bergsee
Freude
ist wie Skifahren im Neuschnee

FREUDE
ist wie ein Jubelschrei über die Rück-
kehr eines Verlorenen
Freude
ist wie die Heimkehr ins Vaterhaus
Freude
ist wie der dankende Händedruck eines
Bettlers
Freude
ist wie die sehenden Augen eines
Blinden

FREUDE
ist wie das Wiedersehen zweier Freunde
Freude
ist wie Warten auf den Geliebten
Freude
ist wie Tanzen mit der Braut
Freude
ist wie ein grandioses Feuerwerk
Freude
ist wie eine frische Brise am Meeres-
strand

FREUDE
ist wie ein lichter Tag im Frühling
Freude
ist wie ein Abend im Herbst
Freude
ist wie ein frischer Sommerregen
Freude
ist wie das Funkeln der Wintersonne
im Rauhreif

FREUDE
ist wie ein brausender Bach nach der
Schneeschmelze
Freude
ist wie ein Licht in der Finsternis
Freude
ist wie eine gemeinsame Fahrt mit dem
Pferdeschlitten

FREUDE
ist wie ein Gänseblümchen inmitten
meterhoher Gräser
Freude
ist wie das Säuseln des Windes im
Buchenhain
Freude
ist wie ein keimendes Gerstenkorn
Freude
ist wie ein tauender Eiszapfen an der
Dachrinne

FREUDE
ist wie ein blauer Enzian am Berghang
Freude
ist wie eine saftige Winterbirne
Freude
ist wie ein schnittreifes Weizenfeld
Freude
ist wie ein vierblättriges Kleeblatt
Freude
ist wie ein vielstimmiger Männerchor

Batikarbeit Sr. Gereon Custodis CPS, Mariannhill
Best.-Nr. K 457 d   Missionsverlag Mariannhill, D-8861 Reimlingen

Batikarbeit von Sr. Margarita Feichtner OSF
Best.-Nr. K 453 d   Missionsverlag Mariannhill, D-8861 Reimlingen

Batikarbeit Sr. Gereon Custodis CPS, Mariannhill
Best.-Nr. K 459 d   Missionsverlag Mariannhill, D-8861 Reimlingen

Gemälde aus China
Best.-Nr. K 810 d   Missionsverlag Mariannhill, D-8861 Reimlingen

FREUDE
ist wie eine Handvoll Rosinen im
Christstollen
Freude
ist wie ein leckerer Apfelstrudel
Freude
ist wie ein pikantes Jägerschnitzel
Freude
ist wie eine reife Traube
Freude
ist wie ein Glas Eiswein
Freude
ist wie ein Festessen mit Freunden
Freude
ist Götterspeise für die Seele

FREUDE
ist wie das Morgenrot unseres Lebens
Freude
ist wie ein Dankeschönsagen an den,
der uns schuf
Freude
ist wie ein Schäferstündchen in der
Heide
Freude
ist wie ein Abenteuer zur See
Freude
ist wie ein Flug über den Wolken

FREUDE
ist wie ein Aufbruch zur Hasenjagd
Freude
ist wie eine Schiffsschaukel
Freude
ist wie eine Luftballonfahrt über Berge
und Täler
Freude
ist wie eine Gondel am Drahtseil

FREUDE
ist wie ein Jodler in den Tiroler Bergen
Freude
ist wie ein Volksfest in Rio
Freude
ist wie ein Umdiewettetanzen mit den
Donkosaken

FREUDE
ist wie der Hochzeitsflug einer Bienen-
königin
Freude
ist wie ein von Millionen Insekten
umsummtes Kleefeld

FREUDE
ist wie ein Gespräch mit dem »Kleinen Prinzen«
Freude
ist wie eine Prinzessin, die zum Mitfeiern einlädt
Freude
ist wie eine Ballettänzerin, die zum Tanzen auffordert
Freude
ist wie eine Eiskunstläuferin, die uns die Angst vor dem Ausrutschen nimmt
Freude
ist wie ein Kürreiter, der stolz ist auf sein Pferd
Freude
ist wie ein Kurier, der uns eine Frohbotschaft überbringt
Freude
ist wie ein Kaminfeger, der uns Glück wünscht
Freude
ist wie ein Trommler auf dem Marktplatz
Freude
ist wie ein Fährmann am anderen Ufer

FREUDE
ist wie das heimliche Atmen der Natur
Freude
ist wie Liebesgeflüster

FREUDE
ist wie ein Fisch, der dem Netz des
Fischers entwischte
Freude
ist wie ein Vogel, der dem Vogelsteller
entging
Freude
ist wie ein mutwilliges Füllen
Freude
ist wie der Sprung einer Gazelle
Freude
ist wie eine Hochzeitskutsche
Freude
ist wie ein fliegender Teppich
Freude
ist wie ein kühler Zedernwald im
Hochsommer
Freude
ist wie eine Lilie unter Dorngestrüpp
Freude
ist wie ein röhrender Junghirsch

FREUDE
ist wie ein Glas frischen Wassers nach
einer Fahrt über staubige Straßen
Freude
ist wie ein Platz an der Sonne
Freude
ist wie Urlaub in der Südsee
Freude
ist wie ein von der Sonne bestrahlter
Bergkristall

FREUDE
ist wie eine Sternschnuppe, die vom
Himmel fällt
Freude
ist wie eine Fackel, die dem Un-heim-
lichen die Vorsilbe nimmt
Freude
ist wie ein feuriger Opal
Freude
ist wie ein kostbarer Diamant
Freude
ist wie die Erfüllung eines Jugend-
traumes
Freude
ist wie ein Stück Himmel auf Erden

FREUDE
ist wie ein wogendes Kornfeld in
Erwartung der Schnitter
Freude
ist wie ein vom Sturmwind gejagter
Wolkenberg
Freude
ist wie ein knisterndes Kaminfeuer
Freude
ist wie eine wildaufpeitschende See
Freude
ist wie das mächtige Brausen einer
Orgel

FREUDE
ist wie eine Erinnerung an das Paradies
Freude
ist wie eine Frohbotschaft aus dem
Weltall
Freude
ist wie das Begreifen der Unendlichkeit

FREUDE
ist, wenn die Schwalben wiederkehren
Freude
ist, wenn die ersten Wiesenveilchen
blühen
Freude
ist, wenn die Eichelhäher balzen
Freude
ist, wenn Nachbars Gänse sich morgens
begrüßen

FREUDE
ist, wenn ein Kamel eine Oase erreicht
Freude
ist, wenn ein Elefant sich hinter den
Ohren kitzeln läßt
Freude
ist, wenn ein Pferd Zuckerwürfel aus
der Hand frißt
Freude
ist, wenn ein Hund die Stimme seines
Herrn erkennt

FREUDE
ist, wenn man sich über die größeren
Kartoffeln jenseits des eigenen Garten –
zauns nicht ärgert
Freude
ist, wenn andere sich mitfreuen

FREUDE
ist, wenn Kinder nebenan ungestört
lärmen dürfen
Freude
ist, wenn man aus Freude weint
Freude
ist, wenn Frieden herrscht auf Erden
Freude
ist, wenn uns jemand eine Rose schenkt

FREUDE
ist, wenn man den anderen Erfolg
gönnt
Freude
ist, wenn man lieben darf – und
wiedergeliebt wird
Freude
ist, wenn Erwachsene mit Kindern
spielen
Freude
ist, wenn Weihnachten Schnee liegt
Freude
ist, wenn das Osterwetter zum Spazie-
rengehen einlädt

FREUDE
ist, wenn junge Katzen sich balgen
Freude
ist, wenn Spatzen in einer Pfütze baden
Freude
ist, wenn Entchen erstmals ins Wasser
dürfen
Freude
ist, wenn Wildgänse sich formieren
Freude
ist, wenn Pfaue Räder schlagen
Freude
ist, wenn Pinguine watschelnd-
latschend aufrecht gehen
Freude
ist, wenn die Schwarzwalduhr Feier-
abend schlägt

FREUDE
ist, wo der Hofhund sonntags einen
Extraknochen erhält
Freude
ist, wo Kinder Ponys reiten
Freude
ist, wo junge Mädchen grundlos
kichern dürfen
Freude
ist, wo Gott nicht vor die Türe gesetzt
wird

FREUDE
ist, wo man sich gern beschenken läßt

Freude
ist, wo man den anderen beisteht
Freude
ist, wo man großzügig gibt
Freude
ist, wo man Freude mitteilt

FREUDE
ist, wo Blumen blühen
Freude
ist, wo Vögel singen
Freude
ist, wo Pferde wiehern
Freude
ist, wo Katzen schnurren
Freude
ist, wo Hennen gackern
Freude
ist, wo Hähne krähen

FREUDE
ist, wo man sich vom Kinderlachen
mitreißen läßt
Freude
ist, wo Hoffnung gedeiht
Freude
ist, wo Liebende sich verstehen
Freude
ist, wo Glocken den Tag einläuten

FREUDE
ist, wo Kindheitserinnerungen nicht
verdrängt werden
Freude
ist, wo man sich seiner Freudentränen
nicht schämt
Freude
ist, wo Älterwerden nicht als Last
empfunden wird
Freude
ist, wo man auch an Regentagen an die
Sonne glaubt
Freude
ist, wo man trotz Alltagssorgen das
Blumengießen nicht vergißt

FREUDE
ist, wo Kinder laut und Katzen faul sein
dürfen
Freude
ist, wo Jugend anders sein darf
Freude
ist, wo Katzendreckigkeit nicht zum
Dauerzustand wird
Freude
ist, wo Leid angenommen wird
Freude
ist, wo man an Schicksalsschlägen nicht
zerbricht
Freude
ist, wo Spielen Spaß macht
Freude
ist, wo man andere beschenken darf

FREUDE
ist, wo man Ja zu sich selbst sagt
Freude
ist, wo man die Vergangenheit annimmt
Freude
ist, wo man gern in der Gegenwart lebt
Freude
ist, wo man das Staunen nicht verlernt
hat
Freude
ist, wo man dem Du begegnet
Freude
ist, wo die Frohbotschaft verkündet
wird

FREUDE
ist wie ein Stein, der ins Wasser
geworfen wird und immer größere
Kreise zieht
Freude
ist wie eine Zelle, die sich durch Teilen
vermehrt
Freude
ist wie eine Kugel – man kann sie
niemals mit einem Blick ganz erfassen
Freude
ist wie ein buntes Glas: Schaut man
hindurch, erstrahlt alles in anderem
Licht

FREUDE
ist wie ein Geschenk, um das man
bitten kann
Freude
ist Gott, der uns streichelt
Freude
ist erlernbar

FREUDE
ist wie eine Mutter, die ihr Baby
vorzeigt
Freude
ist wie das Plätschern eines Brunnens
Freude
ist der Todfeind der Verzweiflung

FREUDE
ist wie ein Seidenschal – er kühlt und
wärmt zugleich
Freude
ist mehr wert als eine gute Mahlzeit
Freude
ist persönlicher Reichtum

FREUDE
ist manchmal wie ein Rausch – aber
ohne Kater
Freude
ist schöpferisch und bereichernd
Freude
ist Dank fürs Dasein, Dank fürs Sosein

FREUDE
ist, wenn man – wie Franz von Assisi –
die Sonne Schwester und den Mond
Bruder nennt

FREUDE
ist, wenn man – wie Papst Johannes –
sich selbst nicht zu wichtig nimmt

FREUDE
ist, wenn man – wie Don Bosco – die
Spatzen pfeifen und die Buben raufen
läßt

FREUDE
ist, wenn man – wie Philipp Neri –
Jungens lieber auf seinem Rücken Holz
hacken läßt, als ihnen ein Ärgernis zu
geben

FREUDE
ist, wenn man – wie Thomas Morus –
auch vor der Hinrichtung noch freund-
liche Worte für die eigenen Henker hat

FREUDE
ist, wenn man – wie Teilhard de
Chardin – sich eins fühlt mit dem
Weltall

FREUDE
ist, wenn man – wie Mutter Teresa –
den Armen und Notleidenden beisteht

FREUDE
ist, wenn man – wie Jesus Christus –
Kinder auf den Schoß nimmt, auch
wenn man sehr müde ist

FREUDE
ist ansteckend. Geh und steck andere
an!

Freude, schöner Götterfunke...

»Lieber Gott,
was für einen Zweck hat es,
brav zu sein,
wenn es niemand sieht?«
(Kinderbrief)

HERR,
ich freue mich,
weil du die Lilien des Feldes
und die Spatzen auf dem Dach
liebhattest.
Ich freue mich,
weil du keinen Unterschied
machst zwischen Weißen
und Schwarzen.
Ich freue mich,
weil ich in einem frohen Land
leben darf.
Ich freue mich,
weil du die Tiere so lustig
gemacht hast.
Ich freue mich,
weil die Wolken und die Flüsse
so unbekümmert fröhlich sind.
Ich freue mich,
weil ich fast jeden Tag
etwas zu essen habe.
Ich freue mich,
weil ich lesen und schreiben kann.

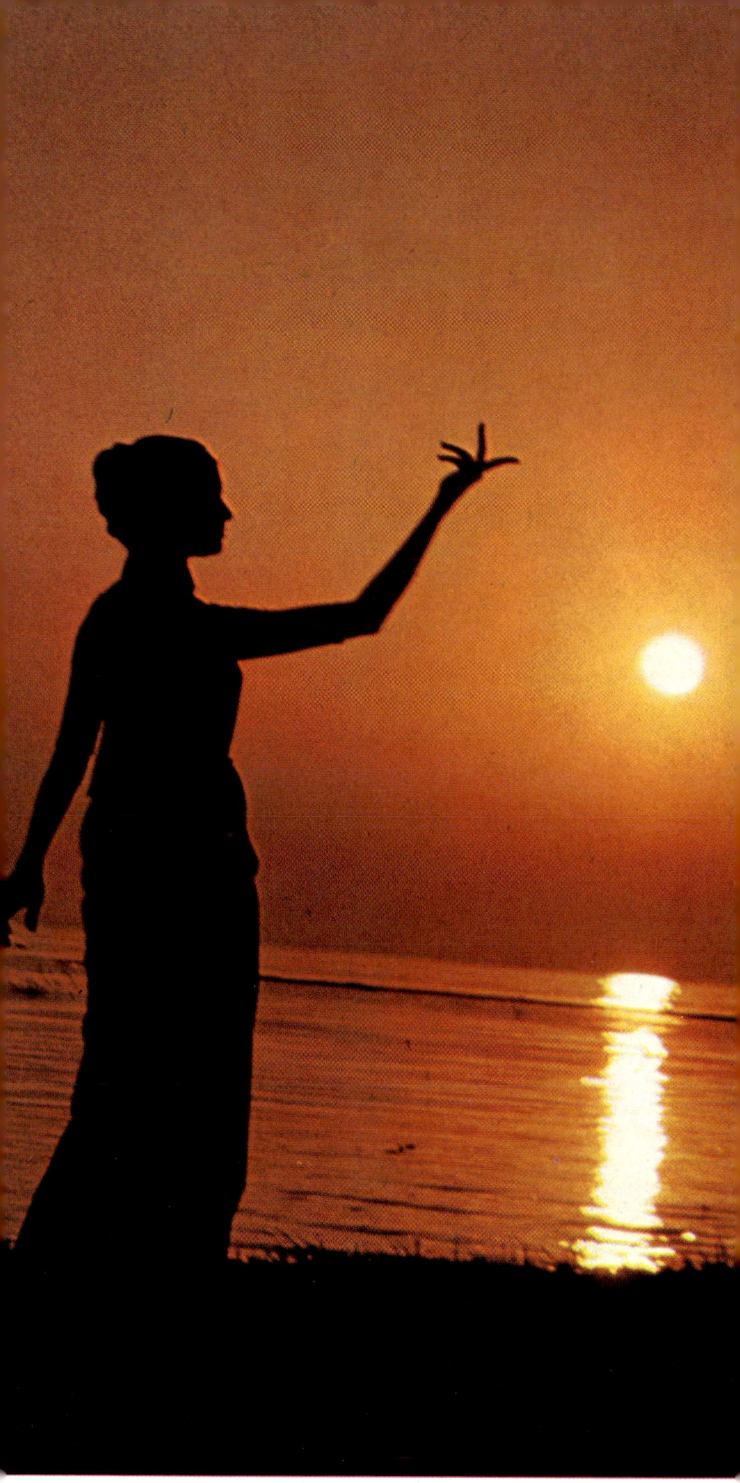

Sonnenuntergang am Seeufer. (Foto: Bruno Schlegel CMM)

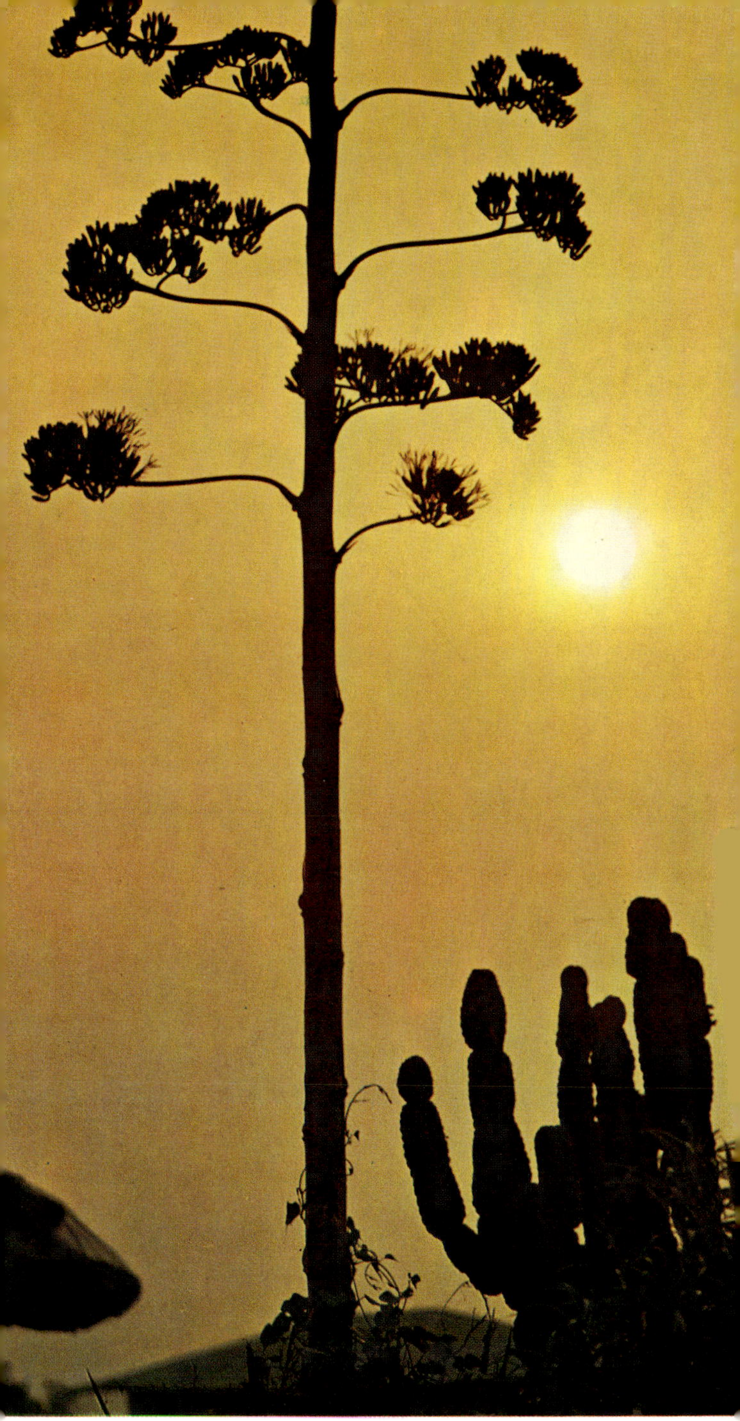

Abendstimmung in Westafrika. (Foto: Leidemann-Bavaria)

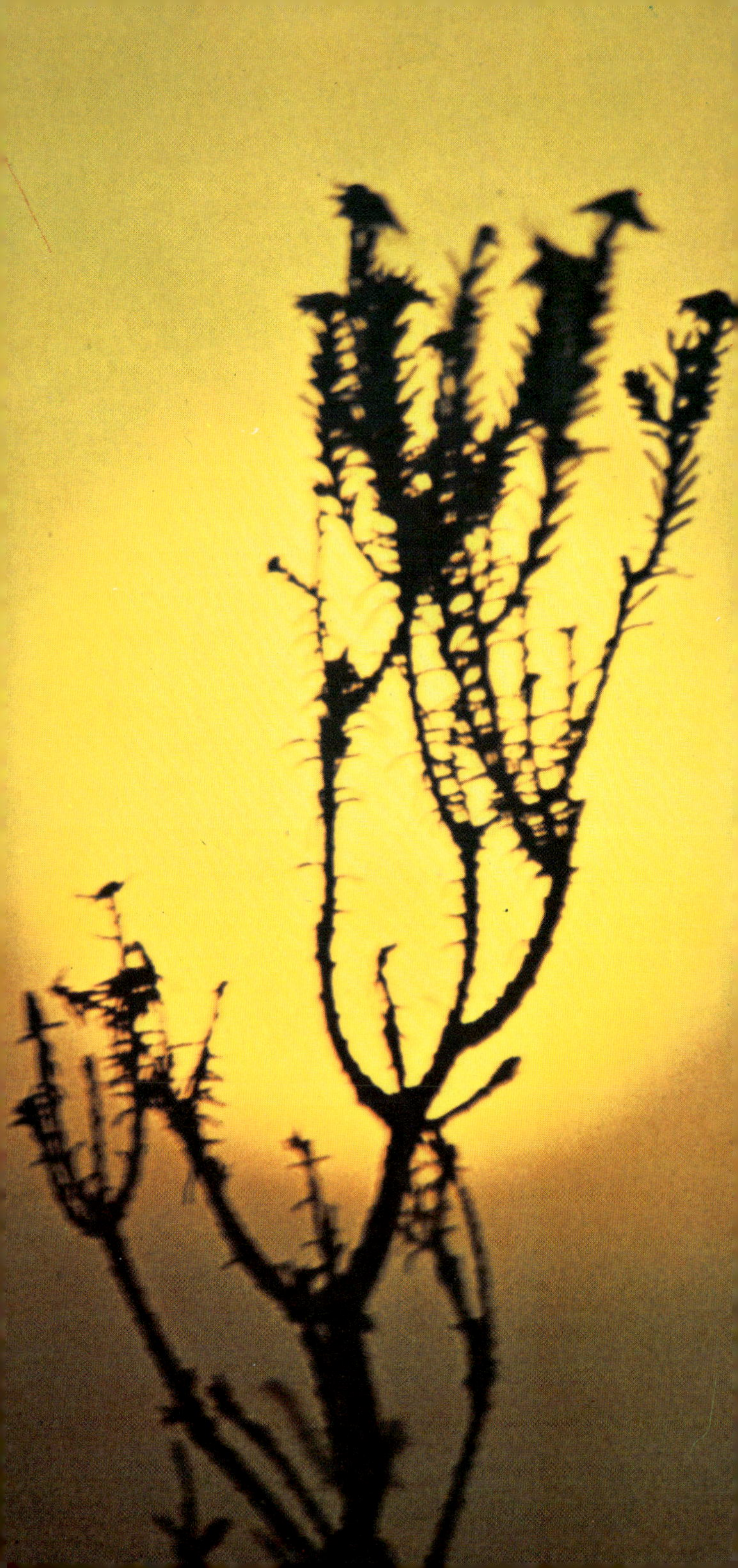

Sonnenuntergang in Afrika.

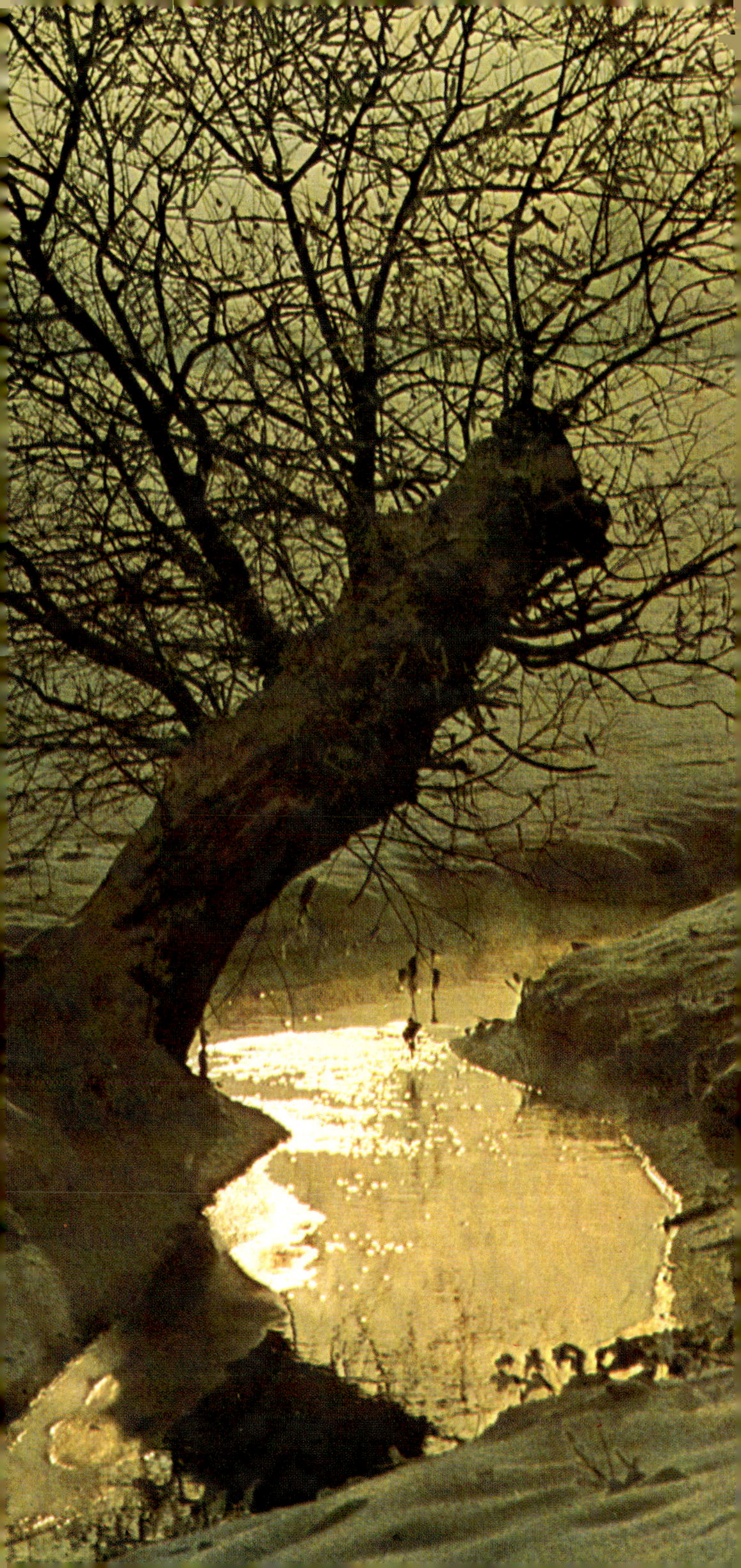

Spätherbstliche Stimmung im Ries. (Foto: Wolfgang Broßmann)

Ich freue mich,
weil meine schwarzen
Brüder und Schwestern
so gerne lachen.
Ich freue mich,
weil auch die Heiligen
frohe Menschen waren.
Ich freue mich,
weil du uns einen
lachenden Papst
geschenkt hast.
Ich freue mich, weil deine Religion
so froh macht . . .
(Gebet aus Afrika)

* * *

»Heiliger Vater, bewahre sie in deinem
Namen . . . Jetzt gehe ich zu dir. Doch
dies rede ich noch in der Welt, damit sie
meine Freude ganz in sich haben.«
(Joh 17, 11/13)

* * *

»Seid fröhlich in der Hoffnung . . .
Freut euch mit den Fröhlichen!«
(Römer 12, 12/15)

* * *

»Freude besteht darin, ohne großes
Aufheben, aber voller Aufmerksam-
keiten an der Seite seiner Brüder zu
stehen.« (Regel von Taizé)

»Die Freude im Menschenleben hat mit Gott zu tun. Die Kreatur kann dem Menschen in vielerlei Gestalt Freude bringen oder Anlaß zur Freude sein. Aber ob dies gelingt, das hängt davon ab, ob der Mensch der Freude noch fähig und kundig ist.« (Alfred Delp)

※ ※ ※

»Heiter machen heilt! Von Natur aus ist Arzt, wer andere erheitern kann.« (Demokrit)

※ ※ ※

»Nicht der Zwang, sondern die Freude ist der endgültige Appell an den Menschen. Und die Freude ist überall; sie ist im grünen Gras der Erde und im heiteren Blau des Himmels, in der sorglosen Üppigkeit des Frühlings und in der strengen Enthaltsamkeit des grauen Winters, in den pulsierenden Adern unseres Körpers, in der aufrechten Haltung der menschlichen Gestalt, in allen Funktionen des Lebens...« (Rabindranath Tagore)

※ ※ ※

»Die Kirche verfügt über die Freude, über den ganzen Anteil der Freude, der dieser traurigen Welt beschieden ist. –

Was man wider die Kirche tut, hat man wider die Freude getan.« (Georges Bernanos)

* * *

»Ich fürchte nichts so sehr, als wenn ich sehe, daß unsere Schwestern die Freude des Herzens verlieren.« (Theresia vom Kinde Jesu)

* * *

»Der Mensch ist für die Freude, und die Freude ist für den Menschen; denn nur sie kann den Menschen beglücken, und es scheint mir, als sei die Freude keine Freude mehr, wenn sie sich nicht im Besitz eines Menschen befindet.« (Franz von Sales)

* * *

»Ich sehe dich immer lachen, mein Teuerster. Ich freue mich darüber. Wer sich Gott geweiht hat, der hat keinen Grund zu trauern, wohl aber fröhlich zu sein.« (Ignatius von Loyola)

* * *

»Wenn reine Freude in der Welt ist, dann hat sie ganz gewiß der Mensch mit reinem Herzen.« (Vinzenz Pallotti)

»Mit Satan ist die Traurigkeit in die Welt gekommen.« (Georges Bernanos)

※ ※ ※

»Ich träumte, das Leben sei Freude. Ich erwachte und sah, es ist Arbeit. Und ich fand, die Arbeit ist Freude.« (Rabindranath Tagore)

※ ※ ※

»Arbeite nur – die Freude kommt von selbst!« (Johann Wolfgang Goethe)

※ ※ ※

»Ich bin dankbar, aber nicht weil es vorteilhaft ist, sondern weil es mir Freude macht.« (Seneca)

※ ※ ※

»Kein Mensch taugt ohne Freude.« (Walter von der Vogelweide)

※ ※ ※

»Freude ist wie ein Strom: sie fließt ohne Unterlaß.« (Henry Miller)

※ ※ ※

»Wo man Liebe aussät, da wächst Freude empor.« (William Shakespeare)

»Die Tugend trägt ein frohes Gesicht.«
(Amedo Nervo)

* * *

»Nimm dir jeden Morgen vor, womöglich froher und heiterer als den vorigen Tag zu sein.« (Novalis)

* * *

»Honig wohnt in jeder Blume, Freude an jedem Ort, man muß nur – wie die Biene – sie zu finden wissen.«
(Heinrich von Kleist)

* * *

»Wer Freude genießen will, muß sie teilen. Das Glück wurde als Zwilling geboren.« (Lord Byron)

* * *

Die Welt von morgen gehört denen, die die Freude künden.« (Friedrich Heer)

Unser Büchertip

Weitere Publikationen von Adalbert Ludwig Balling, erschienen in den Verlagen: Mariannhill Würzburg, 8861 Reimlingen, Butzon & Bercker Kevelaer, Morus Berlin, St. Gabriel Mödling/Wien und St. Augustin Bonn, Herder Freiburg und Bernward Hildesheim.

Mission und Biographie
»Abenteurer in der Kutte«, illustr., kt. 96 S. 4. Auflage
»Er war für Nägel mit Köpfen« (Missionsabt Franz Pfanner), kt., 144 S. 2. Auflage
»Der Trommler Gottes«, Abenteurer u. Rebell, 352 S.
»Ein Herz für die Schwarzen«, illustriert, kt. 130 S.
»Binde deinen Karren an einen Stern«, Bernhard Huss, Sozialreformer aus Liebe zu den Schwarzen, 248 S. (plus 32 S. SW-Fotos), Leinen
»Eine Spur der Liebe hinterlassen«, Pater Engelmar Unzeitig, 424 S., geb., Fotos
»Sie standen am Ufer der Zeit«, Märchen und Mythen aus Afrika südlich der Sahara, 336 S., illustriert, Ln.
»Unseren täglichen Reis gib uns heute«, Gebete aus der Dritten Welt, kt.

Meditation/Gebet/Betrachtung
»Mit dem Herzen sehen«, 112 S., 5. Auflage
»Liebe-volle Plaudereien«, 112 S., 4. Auflage
»Gute Worte heitern auf«, 114 S., 3. Auflage
»Das Leben lieben lernen«, 112 S., 5. Auflage
»Gute Medizin gegen schlechte Laune«, 112 S., 5. Auflage
»Ich bin mein bestes Stück«, 112 S., 2. Auflage
»Liebe macht keinen Lärm«, 128 S., kt.
»Nimm dein Herz in die Hände«, 112 S., kt.
»Wenn die Freude Flügel hat«, 96 S., Fotos, kt.
»Gottes Haustür steht immer offen«, 128 S., kt.

Zum Nachdenken und Schmunzeln
»Weisheitchen mit Humor«, 96 S., 3. Auflage, geb., illustriert
»Heiter bis hintergründig«, 112 S., geb., illustriert
»Lachen reinigt die Zähne«, 96 S., 3. Auflage, geb., illustriert
»Zwischen den vier Meeren« (Sprichwörter), 96 S., 3. Aufl.
»Tierischheiter – affenklug«, 96 S., geb., illustriert
»Es gibt Sottene und Sottene«, 40 S., geb., illustriert
»Nicht jeder, der hüh sagt . . .«, 40 S., geb., illustriert
»Unser Pater ist ein großes Schlitzohr«, 128 S., kt.
»Lustige Leute leben länger«, (Anekdoten), 128 S., kt.

Geschenkbändchen zu verschiedenen Anlässen
»Alle guten Wünsche wünsche ich Dir«, 40 S., kt., 9. Aufl.
»Liebe ist (k)eine Hexerei«, 56 S., 8 Farbt., 6. Auflage
»Dankeschön für Selbstverständliches«, kt., 6. Auflage

»Glücklich ist . . .«, 56 S., kt., 5. Auflage
»Sende Sonnenschein und Regen«, 56 S., 5. Auflage
»Wo man dem Herzen folgt«, 56 S., kt., 4. Auflage
»Freut euch mit den Fröhlichen«, 56 S., 3. Auflage
»Das Glück wurde als Zwilling geboren«, 56 S., 3. Auflage
»Bade deine Seele in Schweigen«, 56 S., 3. Auflage
»Weisheit der Völker«, (Sprichwörter), 64 S., kt., 3. Aufl.
»Wissen, was dem andern wehtut«, 80 S., kt., 3. Auflage
»Wer lobt, vergißt zu klagen«, 64 S., kt., 3. Auflage
»Hoffentlich geht alles gut«, 64 S., kt., 3. Auflage
»Wenn die Freude an dein Fenster klopft«, 64 S., kt.
»Schläft ein Lied in allen Dingen«, Die Welt ist schön, 64 S., kt.
»Wo man verstanden wird«, Ein Lob auf die Freundschaft, 64 S., kt.
»Die Stunde der Rose«, Geduld ist alles, 96 S., kt., illustr.
»Alles Liebe und Gute«, 64 S., kt.